ONI
T
BESO!

大和言葉つかいかた図鑑

日本人なら知っておきたい
心が伝わるきれいな日本語

海野凪子・文
ニシワキタダシ・絵

誠文堂新光社

はじめに

海野凪子

はじめまして、海野凪子と申します。私は外国人に日本語を教える仕事「日本語教師」をしています。この本では、さまざまな「大和言葉」について使い方の例や、私なりの解説を書いてみました。

「大和言葉」というと、雅《みやび》だけれどなんとなく難しそうな言葉みたいな感じがしますが、「和語」つまり中国から「漢語」が入ってくる前から日本で話されていた言葉のことです。入ってきた時代がとても古い「漢語」も「和語」の中に含まれることがありますが、この本では「カタカナ語ではない」「漢字で書いた時訓読できる言葉」を「大和言葉」としています。

外国人に日本語を教える時、「たべます、あるきます」などたいていは「和語」からはじめます。誰が聞いてもわかりやすいからです。「今朝、パンを食べました」より「今日の朝、パンを食べました」のほうがわかりやすいでしょう。

また、ある学生から「日本語の『和語』は響きがとてもやわらかくて優しいと思います」と言われたことがあります。私たちは普段日本語を「和語、漢語」と意識せずに使っていますが、確かに「和語」のほうが音の響きが強過ぎずゆったりとしているような気がしますし、「漢語」や「カタカナ語」を使って話されるより丁寧に感じます（もちろん「漢語」「カタカナ語」にもそれぞれよいところはあります）。

基本的な「大和言葉」は説明するまでもありませんが、最近ではあまり使われなくなったものや、使っているけれども由来や意味はあまりよく知らないという言葉を主に集めてみました。なんとなく使っている言い回しも「しゃれ」が元だったり、今はもう意味合いが変わってしまったりした古い言葉もあります。聞いたことはあるけれどどこういう時に使うのか！　と思っていただければ幸いです。

そして、ニシワキタダシさんのかわいらしくておもしろいイラストは、「大和言葉」の「気の利いた」感じや「その場が和やかになる」特徴をとてもうまく表していると思います。くすっと笑いながら、「大和言葉」をもう一度振り返ってみませんか。

もくじ

【評価】 125

【程度】 143

あいさつ

相手にやわらかな印象をあたえる大和言葉。
気負わずに、一言の声掛けから
和の言い回しを取り入れてみましょう。

暑さ厳しいおりから、お体には十分お気を付けください。

【おりから（折から）**】**

「おり」には「時節、季節、その時」といった意味があります。「おりをみて話す」という場合は「（そのことを話すのに）ちょうどいい時に話す」ということです。「おりからの風雨で橋が通行止めになった」という場合は、その状態（風雨）が続いていたのが原因でこのような結果（通行止め）になった、という時に使います。「おりからの」の後にはよく「嵐、雪」や「不況、円高」などが使われます。

うん、そう
もう体調くずしてて…

そう
暑さにやられて…

長居をして
しまいました。
そろそろ
おいとま致します。

【おいとま（お暇）する】

「いとま」とは漢字をみてわかる通り「ひま、時間のゆとり」という意味です。「枚挙にいとまがない（一つ一つ数え上げるひまがない）」の「いとま」です。「おいとまする」は「訪問先から帰る」という意味。「帰ります」でもかまいませんが、「おいとまします」のほうが丁寧な感じがします。また、「おいとまをいただく」というと「仕事を辞める」という意味や、ちょっと古いですが「離縁する」という意味になります。

スミマセン16時間も居ちゃって…
しかも、ネコも一緒に…

久しぶりに、メールではなく手紙をしたためてみます。

【したためる（認める）】

「したためる」にはたくさんの意味があります。

①（手紙などを）書き記す②食事をする③用意する④整える、などです。

「手紙をしたためる」と言うと、ボールペンやサインペンではなく万年筆で書いているイメージがあります。ちょっと古風ですが、ゆったりした雰囲気を持つ言葉ですね。「食べる」という意味で使う場合は「先ほど夕食をしたためました」といった使い方をします。

めずらしく手紙をくれたけど

絵文字の量がすごい…

お気遣い、いたみいります。

【いたみいる（痛み入る）】

相手の親切や配慮をありがたく思う時に使います。「そんなにまでしていただいて申し訳ない、心苦しい」という気持ちが含まれます。「ご忠告、いたみいるよ」というように、ちょっと皮肉っぽく使うこともあります。

タチウオがおいしいお店？
この後 予定はないけど…;
一匹も釣れなかったからって
なんだか悪いなあ～

きびだんごさえ
もらえれば
いつでも
かけつけますんで

これからも どうぞよしなにと お伝えください。

【よしなに】

「よい具合になるように、よいように、よろしく」という意味です。時代劇で悪徳商人がこれまた悪代官に小判の包みを渡しながら言いそうですが、今も使われています（悪い意味ではありませんよ！）。「よろしく」よりも古風でやわらかい感じがします。

遅ればせながら、先日お花見に行ってまいりました。

【おくればせながら（遅ればせながら）】

「遅ればせながら」とは「ちょうどいい時期には遅れてしまったけれど」とか「今更だけれど」という意味です。古風な言葉なので、あらたまった言葉遣いの時や目上の人へお礼を述べる時などによく使われます。

今年中にと思って
思い立ってね
咲いてたんだな、ここに
って感じだったよ

あれだって
駅前のスーパー「みよし」
2年前につぶれて
スナック「よしみ」に
なったんだって〜

久しぶりに会った友達とよもやま話に花を咲かせる。

【よもやまばなし（四方山話）**】**

「よもやま話」とは、「さまざまな話題の話」という意味です。他にも似た意味の言葉で「雑談、世間話」などがあります。でも「よもやま話」という響きにはなんとなく「打ち解けてのんびりと話す」という印象があります。

大和言葉
こばなし
1

日本人が大切にしてきたもの

「大和言葉」には、外国人に説明する時にちょっと難しいなと感じる言葉が多くあります。たとえば「懐かしい」。ただ「昔のことを思い出す」というのとは少し違う気がするし、「それは悲しい気持ちですか、嬉しい気持ちですか」と聞かれて、「どちらの気持ちも少しずつあるけれど嫌な感情ではないんです」と答えると、「難しいですね」と言われることもあります。もちろん外国人が「懐かしい」と感じることがないということではなく、ぴったり翻訳できるような言葉が見つからないということなのですが、ただお互いにその言葉を知らないだけかもしれないのでなんとも言えません。

日本独特の表現は、感情を表す言葉以外にも、自然に関する「大和言葉」

の中にたくさんあります。雪が降る地域には「淡雪」「ぼたん雪」「風花」「玉雪」「細雪《ささめゆき》」などの言葉があり、風がよく吹く地域には「やませ」「あいの風」「いなさ」「いぶき」「空っ風」など。これらは実際に見たり感じたりしたほうがわかりやすいでしょうか。

また、海に囲まれた国だなあと思うのは魚の名前の多さです。「出世魚」といわれる「ブリ（鰤）」は、幼魚から成魚になるまでいろいろな名前があり、また地方によっても違います（私は関西人なので「ツバス」や「ハマチ」がなじみ深い名前です）。これが牛や豚など家畜になるとあっさりしたもので、牛の仔は「仔牛」とだけ呼ばれます（方言では何か呼称があるかもしれませんが）が、英語だと「牛の仔」ではなく「calf」という名称があります。日本人にとっては「魚」のほうが身近で細かく分ける必要があったのでしょう。

「国字」も日本人にとって「興味があるもの、身近なもの」は何だったのかということをよく表しています。「国字」とは「漢字の作り方をまねて日本で作られた字」のことで「和字」ともいいます。私のペンネーム「凪子」の「凪」も国字です（ちなみに「凪」とは風や波が静まること、という意味です）。「凩（こがらし）」「峠（とうげ）」「裃（かみしも）」「襷（たすき）」など、日本人の生活に必要だったんだなと思う言葉もあれば、「柾（まさき）」「栃（とち）」「笹（ささ）」「鱚（きす）」「鱈（たら）」など日本人の自然を見る目、興味のあることがよくわかる言葉もあります。

「大和言葉」をじっくり見直すと、日本人が昔から大切にしていたもの、身近に感じていたことなどがわかってくるのではないでしょうか。凪

人づきあい

機械的な物言いで心象を悪くしたことはありませんか?
言葉の選び方一つで人の印象は
ガラリと変わるものです。

お酒ですか？
そうですね、
たしなむ
程度です。

【たしなむ（嗜む）】

「お酒を飲まれますか？」と聞かれた時に「ええ、ビール二、三杯程度なら」と答える人も多いでしょう。また「少しだけ」と答える人もいるかもしれません。そんなときは「たしなむ」を使ってみてはどうでしょうか。この場合は「好んでほどよく親しむ」という意味です。「ほどよく」ということですから日本酒一升飲んでも平気！　という人は使えません。

他にも「お花を少々たしなみます」のように、「芸事などを習って身につける」という意味でも使います。

こんなの着てますけど
ほんと
たしなむ程度なんです

手帳に書いていたはずなのに、約束をすっぽかしてしまった。

【すっぽかす（素っ放かす）】

「すっぽかす」とは「約束したことやしなければならないことをしないで放っておく」という意味です。「すっ」は接頭語の一つで、名詞や動詞についてその言葉の意味を強めるものです。「すっとぼける」「すっぱだか」「すっとんきょう」などたくさんありますが、どれもくだけた言い方です。

また「ほかす」とは「捨てる、放置する」という意味です。関西では今でも「そのゴミ、ほかしといて」というふうに、「捨てる」の意味で使われている語です。

しまった！
昨日は
食べたことない実を
一緒に試食する日だった…！

よく知りもしないのに、そう毛・嫌・い・するものじゃない。

【けぎらい（毛嫌い）】

「毛嫌い」とは「はっきりとした理由もないのに感情的に嫌うこと」です。鳥や獣が相手の毛並みによって好き嫌いをすることからきた言葉だそうですが、「それなら『相手の毛並みが嫌いだから』というきちんとした理由があるのでは」と思うのですが。もしかすると「これといった理由もなく嫌う」というのは人間だけかもしれません。

待て、
話を
聞いてくれ
つっ
これは
決して危険なスポーツ
ではないんだ！

よそさまに白い目で見られるようなことはしてはいけないよ。

【しろいめでみる（白い目で見る）】

「白い目で見る」とは「人を冷ややかな目で見る、憎しみのこもった目で見る」という意味です。同じ意味の「白眼視」という言葉がありますが、これは古代中国の「竹林の七賢（簡単にいうと当時の知識人です）」の一人阮籍《げんせき》が偽善を嫌い、見かけの礼儀にばかりこだわる俗物がくると白い目で対応し、好感の持てる人物がくると青い目でもてなしたという故事からきた言葉です。誰からであれ「白い目」で見られることのないようにしたいものです。

白い目で見られそうになったら

こちらも白い目で見るといい

……と出ています

あの人は搦め手からくるから苦手なんだ。

【からめて（搦め手）】

「搦め手」とは「城の裏門や敵の背面のこと」をいいます。そこから転じて、弱点や相手が注意をしていないところのことをいうようになりました。

この間もぼくの苦手な
スポーツカーの例え話ばかりされたんだ…

ほら、キツネくんって
油揚げのことしか
頭にないじゃない？

そんな言い方では
角が立つよ。

【かどがたつ（角が立つ）】

「角が立つ」とは「人間関係が悪くなる」という意味です。「角」には、「人の性格や言動がきつい」という意味もあります。また、「角々しい（かどかどしい）」という言葉があり、これはおだやかでない、荒っぽいという意味です。

「もっと早くしてね」と注意したら「もっと早く頼んでよ」と逆ねじを食わされた。

【さかねじをくわせる（逆ねじを食わせる）】

「逆ねじ」とは「反対の方へねじること」です。「逆ねじを食わせる」とは「相手からの非難に対して逆に言い返す」という意味です。最近では「逆ギレ」という言葉をよく聞きますね。だから現代は「逆ギレ」する人が多いのかなあと思いますが、昔からいたようです。

あのキノコは
すぐに見つからないんだからね！

ごめん
帰って
はさみ磨くから

今日飲みに行こうって言ったらにべもなく断られたよ。

【にべもない（鮸膠も無い）】

「そっけない、あいそがない」という意味です。「にべ」は粘り気のある浮き袋をもつ魚の名前です。さらに強調表現として「にべもしゃしゃりもない」は、「ねばねばしたところもしゃりしゃりしたところもない」つまり、「味もそっけもない」ということです。

別れたとはつゆ知らず、「彼女元気にしてる?」って聞いちゃったよ。

【つゆしらず（露知らず）】

「つゆ（露）」は、「はかなく消えやすいもの」という意味で使われることがあります。また「つゆほど」というと「ほんのわずか」という意味です。「つゆ知らず」のように後に打消しの言葉がくると「少しも、まったく」という意味になります。

マトリョーシカに直接
ようかんを詰めて販売する!
って
出て行っちゃったんだって

あっまい あっまい
ピ
お菓子があるよって
メール打ったのになあ…

何度もメールや電話をしてみたが、なしのつぶてだった。

【なしのつぶて（梨の礫）】

「つぶて」とは「投げつけるための小石」のことです。「梨の礫」とは、投げた石が戻ってこないように「返答がないこと」をいう言葉で、「梨」は「無し」にひっかけたもの。投げられるものが梨なら嬉しいのですが！

ずっと袖にされていたけど、ようやく思いがかなった。

【そでにする（袖にする）】

「袖にする」とは「そのことを重んじないでおろそかにする、また親しくしていた人に冷たい態度をとる」という意味です。和服で想像してみると、顔も見ずに袖だけを振って「さようなら」と言っている姿はなんとも冷淡な感じがしますね。

あっまい お菓子より
にっがい焼き魚が
好み
だったのかぁ〜♪
ピ!

ストロー使った
「シュノーケル」ってギャグ
何回見たか！
aka
miso

あの人って肝心な話になると冗談言ったりしてお茶を濁すよね。

【おちゃをにごす（お茶を濁す）】

「お茶を濁す」とは「いい加減なことを言ったりしたりして、その場を繕ってごまかす」という意味です。「言葉を濁す」という言葉もありますが、こちらは「はっきりとは言わずに、あいまいなことを言う」という意味です。

明日から休みだからって羽目をはずさないようにね！

【はめをはずす（羽目を外す）】

「羽目をはずす」とは「調子に乗ってやりすぎる、限度をこえる」という意味です。「お酒を飲んで羽目をはずす」など、その場はよくても後から考えるとやめておけばよかったなあと思うことが多いようです。

大丈夫です
地元に伝わる踊りを
踊るだけです

ああ そうだ
証拠は
しっかりと隠した
ボクはやってない！
KIPPARI
KIPPARI

証拠がないからってしらを切るつもりか。

【しらをきる（白を切る）】

「しら（白）を切る」とは「知っているのに知らないふりをする」という意味です。同じ意味で「しらばくれる」という言い方もあります。意味はわかっていても、実際に使ったり使われたりはしたくない言葉ですね……。

なんだか彼女とはそりが合わなくて。悪い人じゃないとは思うんだけど。

【そりがあわない（反りが合わない）】

「そりが合わない」とは「お互いの気持ちが合わない」という意味です。これは刀の刀身と鞘《さや》の反りが合わないと刀がうまくおさめられないことからできた言葉です。刀も鞘も人の心と同じように一つ一つ違うのですね。

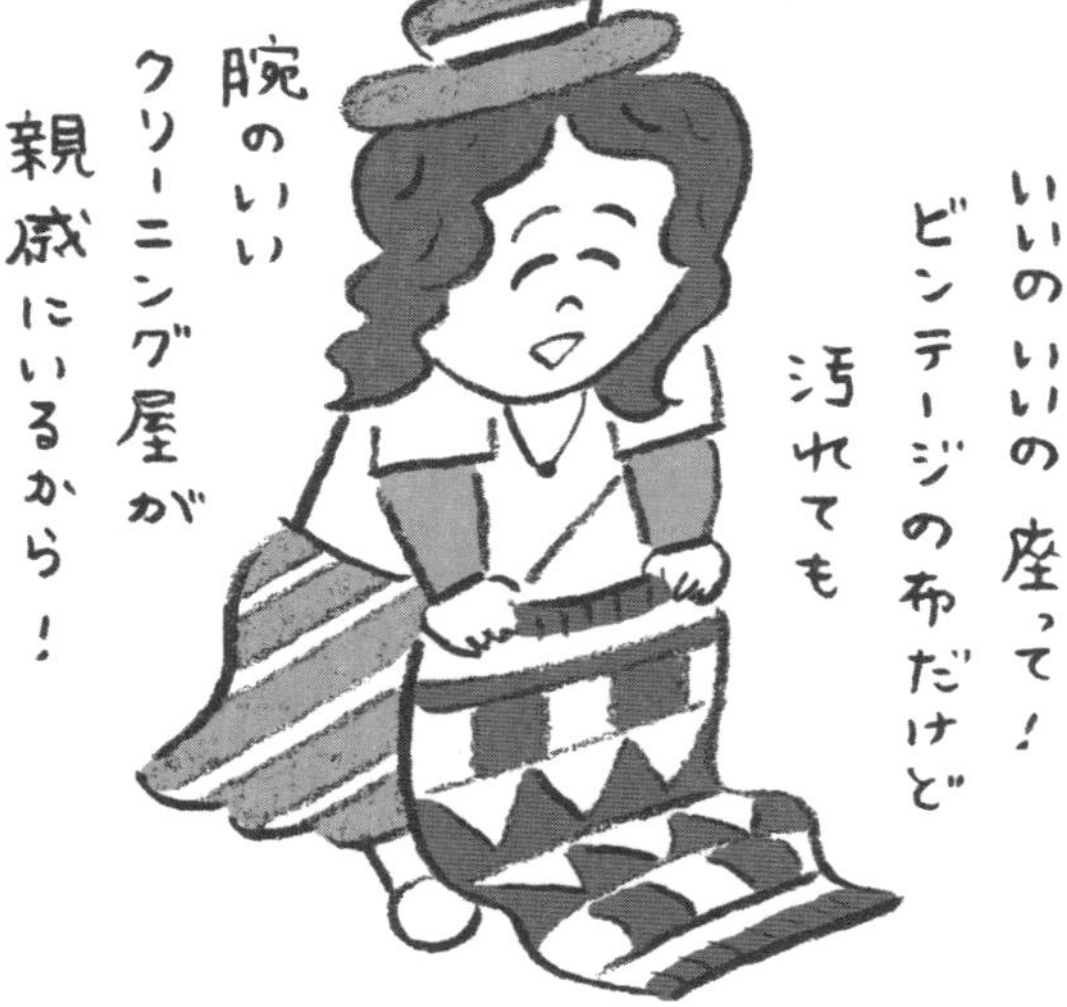
いいのいいの 座って！
ビンテージの布だけど
汚れてても
腕のいい
クリーニング屋が
親戚にいるから！

竹の子の季節だね〜
…たけふみの子供は今
ロサンゼルスだったっけ？
別に気になってるわけじゃ
ないんだけど

なかなか話し出さないのでこちらから水を向けてみた。

【みずをむける（水を向ける）】

「水を向ける」とは「相手があることを話したくなるよう働きかける」という意味や、「相手の関心がそちらに向くようにさそいかける」という意味です。率直に聞くでもなく、無理やり聞き出すでもない、日本語らしい言葉です。

元気がない友達へ気薬にと思っておもしろい漫画を何冊か持っていきました。

【きぐすり（気薬）】

「気薬」とは「気持ちがふさいでいるのをなおす薬、また心をなぐさめるもの」のことです。「病は気から」といいますが、気持ちを元気にしようという「気薬」という言葉は相手を思いやる優しい言葉だなと思います。

「爆煮え
ほうれんそう」の最新刊！
ほら！
BAKUNIE
ほうれんそう

「食」にまつわる大和言葉

「食」にまつわる言葉には「女房詞《にょうぼうことば》」が多く使われます。波の花、青物、卯の花、おひやなどはもともとは「女房詞」で、室町時代初期ごろから宮中に仕える女房（奥さんのことではありません。高位の女官のことです）が使い始めた言葉です。のちに上品な言葉として庶民にも使われるようになりました。どこか優しい響きがありますよね。他に現在でも使われている言葉として「お腹《なか》」「おいしい」「ひもじい」などがあります。

【波《なみ》の花《はな》】
塩のこと。「しお」の「し（『死』と同じ発音）」を避けて言ったものです。

【箸《はし》休《やす》め】
食事の途中、味覚をあらためるために食べるちょっとしたおかず。料理の本などを見てみると、お漬物や酢の物、和え物が多いようです。食事をゆっくりと楽しむ時に使いたい言葉です。

【むしおさえ】
食事にはまだ時間があるけれど、お腹がすいた時少しだけ食べる

むしおさえに
バーベキューでもするか

こと、またはその食べ物のこと。「むしおさえ」にとうどんを食べたりするのはどうなのでしょう。普段たくさん食べる人なら間違いではないのでしょうか。

【水菓子《みずがし》】

懐石料理などのおしながきの最後に「水菓子」とあって、「ゼリーかアイスクリームかな」と思っていると柿やメロンが出てきて驚いたことはありませんか(私はありました)。「水」という文字のせいでそう思ってしまったのですが、「水菓子」とは果物のことです。もともと「菓」とは果物という意味で、昔は「菓子」といえば「果実」のことでした。

【青物《あおもの》】

野菜の総称ですが、特に緑色の野菜や葉もの野菜のことをさします。また青魚(イワシやサンマなど背の色が青い魚)のことをさす場合もあります。

【卯の花《うのはな》】

ウツギという白く小さな花を咲かせる花木の別名ですが、「おから」のことです。「おから」は豆腐を作る時に豆乳を絞ったあとの「から」です。「から」が「空」に通じるので避けていった言葉です。また「おから」は他にも「きらず(切らずに料理できる)」という呼び方もあります。

【おひや】

冷たい水のことです。また冷めたご飯のこともいいます。

しごと

冷たい印象になりがちなメールなどの文章でこそ、
相手の心をなごませる大和言葉を
使ってみてはどうでしょうか。

お留守ですか。ではまたあら・た・め・て・参ります。

【あらためる（改める）】

例文と同じような場面で、よく「またあらためます」と言うことがありますが、「参ります」などきちんと動詞まで言ったほうが正しく丁寧です。もともとは「古いものを新しくする、悪い状態からよい状態にする」という意味ですが、他に「財布の中身をあらためる」というように「調べる、検査する」という意味もあります。また「服装をあらためる」には「新しい服に着替える」と「今着ている服をきちんと整える」という意味とがあります。

大丈夫です、一度持って帰ります…
びっくりさせたいんで…

音楽を聴きながらだと作業がはかどる。

【はかどる（捗る）】

「はかどる」とは「物事が順調に進む」という意味です。悪いことが進む場合には使いません（悪いことを進めたい時には使えるかもしれませんが！）。ほかに「はかがゆく（いく）」という言い方もあります。「はか（計・量・果・捗）」とは「めあて」や「仕事などの進みぐあい」という意味で、「はかがゆく」という言い方は平安時代には使われていました。「はかどる」は江戸時代の浮世草子に使われています。古くから変わらない形で使われている言葉の一つです。

ありそ
ゆらいが〜♪
サッ
すごい〜♪
サッ

うーん、何をしてもダメか。じゃあ奥の手を使おう。

【おくのて（奥の手）】

「奥の手」とは「めったに人に見せないとっておきの手段」という意味です。また昔は右手より左手を尊重したそうで、大切な手ということで左手を「奥の手」といいます（「奥の手」は「二の腕」だという説もあります）。似た意味で「伝家の宝刀」という言葉がありますが、「刀」という言葉が入っているせいか、より強力で攻撃的な感じがします。格好いい言葉ではありますが、普段の暮らしでは「奥の手」のほうが使いやすいですね。

よし、こうなったら
この絶対に開くカギを使おう……

よんどころない事情がありまして、明日の会議は欠席いたします。

【よんどころない（拠ん所無い）】

「よんどころない」とは「拠り所なし」が変化した形で「そうするより仕方がない、やむを得ない」という意味です。古くから使われている少しかたい表現なので、あらたまった場面で使われることが多いです。具体的な理由は言わないけれど「出席したいのはやまやまなのですが、行けなくて本当に申し訳ありません」という気持ちを込めた言葉なので、「『よんどころない事情』ってなんですか？」と突っ込んで聞いたりしてはいけないのです。

なんせ島根のご当地キャラが
岩手に来る日だからなぁ…

社長は昔とても信じていた部下に煮え湯を飲まされたことがあるそうだ。

【にえゆをのまされる
（煮え湯を飲まされる）**】**

「煮え湯」とは「ぐらぐらと煮立ったお湯」のことです。そんなものを飲まされたら大変なことになります。「煮え湯を飲まされる」とは「信じていた人に裏切られひどいことをされる」という意味です。「信じていた人に」なので、敵だとかライバルに何か嫌なことをされたという時には使いません。「何度も煮え湯を飲まされた」という表現を見かけますが、信用する相手はよく見極めるべきではないか、と思います。

ああ…みんなの
目の前で
手品の種を
ばらされたんだよ
一番自信を持ってた手品の…

急な仕事が入って休日の予定がおじゃんになった。

【おじゃんになる】

「おじゃんになる」とは「物事が途中でだめになる」という意味です。「おじゃん」とは、江戸時代火災が鎮まったのを知らせるために鳴らした「半鐘」の音だという説があります。また、同じ「物事が途中でだめになる」という意味の「じゃみる」という言葉が転じて「おじゃんになる」になったという説もあり、おもしろい言葉なので「じゃみる」も使ってみたらどうかなと思うのですが。「休日の予定がじゃみった」、どうでしょう？

わー、海の見える
バーベキュー場で
山のものを焼きまくろうと
思ってたのにー…！

彼女の頼みなら
いちもにもなく
引き受けるよ。

【いちもにもなく（一も二も無く）】

「いちもにもなく」とは「あれこれ文句を言わずにすぐさま」という意味です。「すぐに」と言っても同じ意味ですが、「いちもにもなく」だとどんな頼みでも引き受けそうな勢いが感じられます。

家の近くに
郵便ポストがほしいって？
まかせて
なんとかするよ

なぜ彼は
案の中に必ず
ドーナツを入れてくるんだ

出す案はことごとく却下された。

【ことごとく（悉く）】

「ことごとく」とは「(関係のあるもの) すべて、みな、すっかり」という意味で、少しかたい表現です。良い意味でも悪い意味でも、どちらでも使われます。『方丈記』にも使われている古い言葉です。

そんな大役、おいそれと引き受けられない。

【おいそれと】

「おい」と言われてすぐに「それ」と応じることから「簡単に引き受けること」という意味なのですが、後ろに打消しの形を伴って「ある理由があって簡単にはそのことはできない」という時に使います。

金太郎の生まれ変わりで熊をしたがえる桃太郎!?
ムリムリムリ…!!

山根くん、そこ
しょうゆ 足しといて！
川田さん
ピクルスはみだしてる
そこ
！

彼の店長ぶりも板についてきたね。

【いたにつく（板に付く）】

「板につく」とは「経験を積んで態度などがその立場に合うようになる」という意味で使います。「板」とは「板張りの舞台」のことで、もとは「経験を積んだ役者の芸が舞台にぴったり合う」という意味です。

時間がないから細かい説明ははしょって！

【はしょる（端折る）】

「はしょる」とは「はしおる」の変化した語で、「省いて短くする、簡単にする」という意味です。あらたまった場面ではあまり使いません。もう一つ、着物の裾を持ち上げて帯に挟むことも「はしょる」といいます。

森川部長は、
長野のご当地キャラの
イベントに遊びに…
あっ！

口止めされてたのに、かまをかけられてしゃべってしまった。

【かまをかける（鎌をかける）】

「かまをかける」とは「相手に本当のことや自分の知りたいことを言わせようとうまい具合にさそいかけること」という意味です。人との言葉のやり取りの中ではかなり高度なわざですが、練習して上達する……ものでしょうか？

倒産のうわさが流れて社員全員が浮き足立っている。

【うきあしだつ（浮き足立つ）】

「浮き足立つ」とは、かかとがあがって爪先立ちになる状態をいいます。「そわそわして落ち着かない」という意味もありますが、「不安などを感じて逃げ腰になる」ことをいいます。すぐ次の行動に移せるような体勢のことです。

なんで!?
送別会で
先生に渡す腹巻き
私が編むことになってんの?
YAMADA

引き受ける人が誰もいなかったらしく、私のところにお鉢が回ってきた。

【おはちがまわる（お鉢が回る）**】**

「お鉢」とはこの場合「ご飯が入っているお櫃《ひつ》」のことで、お櫃が回されご飯を盛る順番がくることから「順番がくる」という意味です。「やっと来たか！」という意味で使われていましたが、最近は面倒なことの時に使いますね。

明日に差し支えるといけないので、そろそろ寝よう。

【さしつかえる（差し支える）】

「都合の悪い状態になる」という意味です。何かを頼む時にいう「お差し支えなければ」は、相手にとって「都合が悪くなければ」してくださいという意味で、強制ではないという時に使います。

明日は
揚げもの
オリンピックの
予選の日だからな…

すがたかたち

容姿に関わることは、ストレートに表現すると
角が立つこともありますよね。
そんな時こそ日本古来の言い回しが活躍します。

彼のお姉さんはすこぶるつきの美人だよ。

【すこぶるつきの（頗る付きの）】

「すこぶる」に「つき（の）」がくっついた言葉です。「すこぶる」とは「程度がはなはだしい」「とても」という意味です。「すこぶる」だけでもいいのですが、『すこぶる』という言葉がつくくらいの美人だよ」ということです。「すこぶるつきの悪人」など悪い意味で使うこともあります。「すこぶる」だけだと、「調子はどう?」「すこぶる元気だよ!」という使い方をします。「とても」や「すごく」の仲間に入れてみてはどうでしょう。

とん山くんの
お姉ちゃんかあ…

彼女にはそこはかとなく懐かしさを感じさせるところがある。

【そこはかとない】

「そこはかとなく（そこはかとない）」は、「理由や原因ははっきりわからないが全体的になんとなくそう感じられる」という時に使います。例文は「以前会ったことがある」とか「知り合いの誰かに似ている」というわけではないのに懐かしさを感じる、ということです。「なんとなく」よりも雅な雰囲気を持った言葉だなあと思います。実は理由はわかっていても、ぼんやり濁して遠回しに伝える言葉でもあるとも思います。

そりゃそうよ
あなたと一緒

実は
私の正体はタヌキなの

おめかしして どこへいくの？

【おめかし（お粧し）】

「おめかし」とは「おしゃれをする」という意味です。「めかす」という動詞がありますが、こちらも同じ意味です。また「めかしこむ」という言い方もあって、これは「たいそう身なりを飾る」という意味で最大級のおしゃれをするということですね。

知り合いの 社長の
バーの経営が
軌道に乗って
そのお祝いのパーティ

これをつけていれば
汚い油が
飛んできても 大丈夫ですから

おめしものが汚れると いけませんので こちらを お使いください。

【おめしもの（お召し物）】

「おめしもの」は着ている人を敬って着ている物を丁寧に言う時に使う言葉です。「お洋服」「お着物」も丁寧な言い方ですが、こちらは自分にも使えます。「おめしもの」は自分に使うことはできません。

彼のしたり顔を見ると悔しくてしかたがない。

【したりがお（したり顔）**】**

「したり顔」とは「『やってやったぞ』という得意そうな顔」のことです。語の感じから「『知っている』という顔つき」という意味などで使う人もいますが。『枕草子』など平安時代から使われている言葉です。

この木のまわりの
ドングリ
全部ボクの名前
書いといたから

「からだ」にまつわる大和言葉

体の部分を表す言葉をご紹介します。耳慣れない・見慣れない呼び名もあるかもしれませんが、日本語には体の部分の名前を使った慣用句が多くあります。その名前がどこを指すのか理解することによって「なるほどそういうことか！」と思う言い回しもたくさんありますよ。

【項《うなじ》】

首の後ろの部分のことです。「うなじを反らす」という言葉がありますが、上を見たり、得意になったりする様子を表します。また「うなじを垂れる」は「うなだれる（がっかりしたり恥じたりする様子）」と同じ意味です。「うなずく」の「うな」もうなじのことです。

【頤《おとがい》】

下あごのことです。「おとがい」を使った慣用句は大変多く、「お

外くるぶし
内くるぶしと
呼ぼうかな

とがいが落ちる」は「寒さに震える、とても美味しい、口数が多い」という意味で、「おとがいを吐く」は「悪口を言う」という意味です。

【胛《かいがね》】

肩甲骨のことです。貝殻骨《かいがらぼね》とも言います。肩甲骨の「甲」は、もともと「胛」と書いていました。この字の訓読みが「かいがね」です。

【踝《くるぶし》】

足首の関節の両側にある骨が出たところ。私は長い間外側だけが「くるぶし」だと思っていました……。

【腓《こむら》】

ふくらはぎのことです。スポーツをしているとよく「こむらがえり（こぶらがえり）」という言葉を聞きますが、ふくらはぎが急に痙攣《けいれん》してつる状態です。

【膕《ひかがみ》】

ひざの後ろのくぼんだところ。「ひざの裏」と言っていましたが、名前があります。「よぼろ」とも言います。

【盆《ぼん》の窪《くぼ》】

首の後ろ側中央のくぼんだところ。急所だということですが……押さえるとなかなか気持ちがいいです。

ようす

状態や印象を表す言葉にこそ、
豊かな表現がたくさんあります。
語源に思いを馳せてみると和語の豊かさを感じます。

人がひたむきに何かをしている様子には心打たれる。

【ひたむき（直向き）】

「ひたむき」とは「一つのことに熱中する」「一つのことだけに心を向ける」様子をいいます。「ひたすら」も同じような意味ですが、「ひたむき」のほうが純粋でいいことをしているイメージがあります（「ひたすら飲んで食べる」とは言いますが「ひたむきに飲んで食べる」とはあまり言いませんよね）。「ひた走る」「ひた隠しにする」というように「ひた」に動詞や名詞をつけて「そのことだけに心を集中する」という意味にもなります。

は、村田くん
網戸につまったホコリを
必死で取ってる……
……がんばれ……

電話では埒《らち》が明かないので、直接出向くことにした。

【らちがあかない
（埒が明かない）**】**

「埒が明かない」とは「事がかたづかない、物事の決まりがつかない」という意味です。物事が解決の方向に進んでいかないという時に使う言葉ですね。「埒が明く」という形で載ってい る辞書も多いのですが、よく使われるのは「明かない」のほうではないかと思います。「埒」とはもともと馬場の周囲の柵のことです。そこから「物事の区切り、範囲」という意味になりました。

だから外国のMサイズは
日本のLサイズなんだってば

ちがう
キッズのLサイズは
逆にちょっと大きいの！

ボールを投げたらあさっての方向に飛んでいってしまった。

【あさってのほう（明後日の方）】

「あさって」は「明後日」のことですが、「明後日の方（向）」というと「見当違いの方（向）」という意味です。また、二度と来るなという意味で「おととい来やがれ！」という言い方があります。「あさって来い！」でも同じ意味になるそうです。「一昨日」に来るのは不可能だけれど、「明後日」来ることはできると思うのですが、本当に行ったら余計に叱られるのでしょうね。

すまんっ
このケガさえなければ…
ピュァー

おっとり刀で駆けつけたが、事はもう終わってしまっていた。

【おっとりがたな（押っ取り刀）**】**

「何か事が起こった時、とりあえず急いで行く」という意味です。「おっとり」という言葉から「ゆっくりと、余裕をもって」という意味で使われてしまうこともありますが、「押っ取り(る)」とは「急いで取り上げる」という意味で、もともとは急なことで刀を腰にさす暇もなく手に持ったまま急いで出かけるということです。現代では「刀を持って出かける」ということはありませんが、とりあえず持っていくとすれば携帯電話か財布でしょうか。

はぁ、はぁ…
ケンカどころか
デュエットしてるし…

どうやらだめだったらしく、彼女はしおしおと戻ってきた。

【しおしおと（萎萎と）】

「しおしおと」は「元気をなくした様子、しょんぼりしているさま」を表します。古い言い方では「しおしおと泣く」で涙を流す様子も表します。また女房詞で「しおしお」は「涙」のことです。

5時間目を
ケーキバイキングに
してもらう話
ごめん
ダメだったわ…

ははーん油揚げを
甘からく煮込んでる
においがしてきたからだな…

さっきまでごろごろと寝転んでいたのに、やにわに起き上がって出て行った。

【やにわに（矢庭に・矢場に）】

「その場で、即座に」また「突然、それまでの状況とは急に変わって」という意味です。「矢庭」とは「矢を射る場所」という意味で、矢を射る様子がその場で時間をかけないでことを行う様子から「即座に」という意味で使われるようになったということです。

コーヒーを飲んでいた彼がポケットからおもむろに小さな箱を取り出した。

【おもむろに（徐に）】

「おもむろに」は、最近は「突然、急に」という意味で使われることも多いのですが、本来は「しずかに、ゆっくりと何かを始める」という意味です。それまでと違う言動をする時に使う言葉なので間違いやすいのかもしれません。

このあいだの
修学旅行の
思い出を
ここに とじこめてあるんだ
内緒だぜ

帰りの飛行機に乗るとき
国際指名手配犯に
まちがわれたことくらいです

二週間の海外旅行でしたが、つつがなく帰国いたしました。

【つつがなく（恙無く）】

「つつがなく」とは「無事に、病気や災難がなく」という意味です。語源の一つとされる「ツツガムシ（恙虫）」はダニの仲間ですが、この虫が媒介する「恙虫病」は死ぬこともあるということです。

彼女はその場で あったことを つぶさに 話してくれた。

【つぶさに（具に）】

「つぶさに」とは「完全な様子、こまかく詳しい様子」という意味です。とても古い言葉で、奈良時代初期の文献に現代と同じ意味で使われている例があります。これからも大切に使っていきたい言葉の一つですね。

焼きそばをコッペパンの
ひらいた部分にはさんだ
食べものを口に入れた瞬間
すさまじい電流が足先から
頭のてっぺんに流れたような
そんな感覚になったの

でも「9時」ってワードに
敏感じゃなかった?
ビクッ!って
肩が上がって…

彼女、宝くじに当たったなんておくびにも出さなかったよね。

【おくびにもださない（噯にも出さない）】

「おくびにも出さない」とは「口にも出さず、それらしいそぶりも見せない」という意味です。そして「おくび」とは胃の中にたまったガスが口の外へ出るもの、つまり「げっぷ」のことです。

テストで最初の問題に てこずって時間が なくなってしまった。

【てこずる（梃摺る）】

「てこずる」とは「扱いに困る、手間取る」という意味です。『広辞苑』によると「一七七二〜一七八一年頃から始まった流行語」とあるので、江戸時代中期の頃からの言葉ということです。江戸時代の人はどんなことに「てこずって」いたのでしょう。

あー　そうかー
丸底フラスコだぁ〜
あー

洗って返そうと思って
乾燥までかけたら
カッチカチに縮んだ
グローブになってしまった…

よかれと思って やったことが 裏目に出てしまった。

【うらめにでる（裏目に出る）】

「裏目に出る」とは「よくなるようにと思ってやったことが予想に反して逆の結果になる」という意味です。この場合の「目」はさいころの目のことで、「裏目」はさいころを振って出たその裏側の目のことです。

毎日できあいのものばかりじゃ飽きるなあ。

【できあい（出来合い）**】**

「できあい」とは「すでに作っておいてあること」という意味です。「できあいのお弁当」「できあいの服」などわざわざ作ったものではないという意味で使いますが、インスタントラーメンは沸かしたお湯を入れるから「できあい」ではない……!?

左手で食べて
新鮮味でも出すか…
miso

「そっちの星では、ピザは食べるものじゃなく見るものなんだ〜」
宇宙人トモヒロ２で幼なじみのアケミがポモドーロ星人に言ったセリフだよ

彼は好きな映画のセリフは全部そらんじているらしいよ。

【そらんじる（諳んじる）】

「そらんじる」は「そらんずる」とも言って、「暗記する、暗誦する」つまり「何も見ないで言葉などを言う」ということです。「そらで言う」という言い方もあります。日本人の多くがそらんじているものといえば「九九」でしょうか。

付け焼き刃のテーブルマナーでは料理の味を楽しむどころじゃない。

【つけやきば（付け焼き刃）】

「付け焼き刃」とは「一時の間に合わせで知識や技術を身につける」という意味です。切れ味の鈍い刀に後から鋼の焼き刃を付け足したもので、よく切れそうに見えるけれど実際にはもろくて実戦には使えないということから。

フォーク…
スプーン…
外側からだったか…
内側からだったか…

待て！
まずは
捕れたてのサーモンを
食べて落ち着くといい

居丈高な言い方は反感を買うだけだ。

【いたけだか（居丈高）】

「居丈」とは「座高」のことで、「居丈高」とは「人を威圧するような態度」をとることをいいます。座ったまま身を反らせる様子を表すのですが、叱る人も叱られる人も正座をしていると、より深刻に感じられますね。

このおせんべい、かぜひいてる。

【かぜをひく（風邪を引く）】

お茶、食べ物などが長く放っておかれて風味がなくなったり、マッチなどが古くなり湿って火がつきにくい状態になることをいいます。「ダメになった」と言わずに「かぜをひいた」というと優しい感じがします。

しかも すっごい熱！
会社を休めるタイプの熱！

だから
インスタントラーメンを
5日分に
わけてるの
バン
バン

給料日前なのにおけらになっちゃった。

【おけらになる】

「おけら（になる）」とは「持っているお金がまったくなくなり無一文になる」ということです。「おけら」とはコオロギのような地中に住む虫で、正面から見ると万歳（お手上げ）をしているように見えることから無一文を表すようになったという説があります。

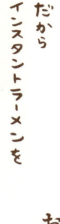

彼はあの件で
みそを
つけちゃったね。
残念なことだ。

【みそをつける（味噌を付ける）**】**

「みそをつける」とは「失敗する、失敗して面目を失う」という意味です。日本人になじみの深い「みそ」。「誰でも簡単に使える、そこがみそなんだよ！」というように、「工夫したところ、自慢とするところ」という良い意味でも使われます。

それで彼は とばされ
今はスコットランド…
でも
生き別れの父が
その場所にいるらしく
運命とはわからないもんだね…

うわー まぶしい
ぽんぽこ村の
ぽんじいに見せてやりたい

日本の繁華街はどこも昼を欺く明るさだ。

【ひるをあざむく（昼を欺く）】

「昼を欺く」とは「夜なのに昼間かと思わせるほど明るい」という意味です。簡単に言うと「とても明るい」ということなのですが、「騙《だま》す」という意味の「欺く」が、詩的で美しい言葉のように聞こえます。

大和言葉
こばなし
2

オノマトペと大和言葉

もう十数年日本に住んでいて、日本語も私より上手に話せているんじゃないかと思うくらいの外国人の友人に「擬音語とか擬態語って大和言葉なの？」と聞かれました。「大和言葉」について話していた時のことです。「擬音語（擬声語）」とは「ワンワン」「ザーザー」など人や動物の鳴き声、自然の音などを言葉で表したものです。「ぴかぴか」「のそのそ」など物事の状態などを表す語は「擬態語」といいます。はっきりと区別できない語も多いので最近はまとめて「オノマトペ」と言われることが多いように思います。オノマトペの種類はとても多く、日本語では日常的によく使われます。普段の生活の中で「オノマトペをまったく使わずに話す」という人は少ないのではない

でしょうか。会話でよく出てくる語なのに、「オノマトペ」が「感覚的に」使われる言葉なので外国人にとっては少し難しく感じられるようです。たとえば「しみじみと感じる」の「しみじみ」は説明するのに苦労した言葉の一つです。あらためて「日本的な感覚の言葉なんだなあ」と思いました（皆さんだったら外国人に「しみじみ」をどのように説明しますか？）。

また、「『オノマトペ』は大和言葉か」というような質問には一言では答えられません。「堂々と」は漢語だし、「ジグザグ」「チクタク」は外来語です。最近だと「ラブラブ」などももとは英語ですね。もちろん古くから使われているオノマトペもたくさんあります。「きらきら」は「光り輝くようす」を表す語として『源氏物語』にも出てくる古い擬態語です。「涙をほろほろと落として」の「ほろほろ」など、これらは広い意味で「大和言葉」と言ってもよさそうです。

ところで犬の吠え声など「擬声語」はだいたいどの言語にもあるというこ

とですが、日本語は特に「擬態語」が多いそうです。なかでも「イライラ、ドキドキ」のような人の感情や状態を表す擬態語が多く、これらは漫画でもよく使われています。外国語に翻訳された漫画を時々見る（読めないので）のですが、カタカナそのままで「ドーン！」という文字が自信満々の登場人物の後ろに書かれていたりします。擬音語も擬態語も時々翻訳がついていることもありますが、説明しようとすると長すぎて雰囲気を壊しそうな場合は省かれたりしています。ぴったり当てはまる言葉がないことも多いのでしょうか。

そのうち日本語のオノマトペが意味も発音もそのままに外国で通じるようになるかもしれませんね。凪

たち

日本人の性格や性質を表すには、
やっぱり日本古来の表現がしっくりきます。
相手を傷つけず諭す時などにも活躍します。

彼はうがった見方をするね。いつも鋭いところをついてくる。

【うがった（穿った）**】**

「うがった見方をする」を「疑ってかかるような見方をする」という意味だと思っている人が多いそうです。*「うがつ（穿つ）」とは「穴を掘る」という意味で、そこから転じて「物事を深く掘り下げる、事の真相を的確に指摘する」という意味で使われます。つまり「うがった見方」とは「物事の本質をとらえた見方をする」ということです。ただ、多くの人が本来の意味とは違う意味だと思っているなら、正しい意味で使う時でもちょっと注意するべきかもしれません。

*平成二十三年度「国語に関する世論調査」より

山田先生がはやいんじゃない
木下くん君が遅いんだ！

彼は自分のことを特別だと思っている節がある。

【ふしがある（節がある）】

「節（ふし）」はいろいろ意味がありますが、植物の茎の部分などにある、ふくらんでいて区切り目になっているところのことです。人間でも関節のことを「節」といいます（「体の節々が痛い」と言いますよね）。他にも「人生の節目」というと人生の転換期、区切りという意味になります。例文や「思い当たる節がある」などという場合は、「注目するべき点、なんとなく感じること」という意味です。

すべての雨は
ボクをさけるんだ…
ハハハ

彼女ははすっぱにみえるけど、本当は優しくて思いやりのある人だ。

【はすっぱ（蓮っ葉）】

「蓮葉」が変化した語といわれています。最近はあまり聞かれませんが、「女性の態度・動作が下品で軽はずみなこと」をいいます。反対語はやはり「大和撫子《やまとなでしこ》」でしょうか。こちらもあまり聞かない気がします。

首の後ろにブロッコリーついてたよ、ガハハ
ほら取れた！

男の人はちょっとぶっきらぼうなほうがかっこいい！と思う。

【ぶっきらぼう（ぶっきら棒）】

「ぶっきらぼう」とは「ぶっきりぼう（打切棒）」の変化した語で、「態度や言葉に愛想がない」ことをいいます。「ぶっきり」とは「断ち切る、途切れる」という意味ですが、話しかけても「うん」とか「ああ」としか返事がなく会話が続かない様子をうまく表していますよね。

彼女は物事をおおげさに言うきらいがある。

【きらいがある（嫌いがある）】

動詞などについて「そういう傾向がある、そうなりやすい」という意味を表します。よくないことがらの時に使います。漢字で書くことはあまりありませんが「嫌いがある」と書きます。

ほんとだよ、今日のたまご焼き
すっごい大きかったんだから
敷き布団くらい
あったんだから！

最後のガケのやつは
やめとけばよかった…
ジンジン

なまじ運動神経がよかっただけに無理をしてしまった。

【なまじ（憖じ）】

本来の価値とは反対に悪い結果をもたらしたり、十分に能力を発揮できずに終わったりする時に使います。また「なまじな」「なまじの」の後に名詞を伴って、「中途半端な」という意味を表すこともあります。

彼は陽気でいい人だけど、冗談がすぎるのがたまにきずだね。

【たまにきず（玉に瑕）】

「たまにきず」とは「ほとんど完全なものに少しだけ欠点がある」という意味です。「玉」にはいろいろな意味がありますが、この場合は丸くて美しい石のことです。『源氏物語』にも出てくる古い言い回しです。

のぶろう おじさんがアメリカに
行ったら
ゾンビと間違われて
嫌われると思うよ ハハハ
冗談、冗談♪

田中！それ森田から借りた
体操着だろ！
あばれすぎて
ビッリビリじゃないか！

人から借りたものをぞ・ん・ざ・い・に扱わないように！

【ぞんざい】

「ぞんざい」とは「あらっぽくていい加減に扱う様子、丁寧でないさま」という意味です。「ぞんざいな口をきく」という場合は「失礼な話し方をする」という意味になります。

最近珍しいほどの奥ゆかしい女性だ。

【おくゆかしい（奥床しい）】

「奥ゆかしい」とは「深い思慮があるように見えて上品である」という意味です。消極的という意味ではなく、きちんと物事を考えたうえで控えめにするという印象があります。自己主張を求められる時代にはあまり奨励されないかもしれません。

お野菜はわかるが
おブロッコリーだなんて…！

和服を着ていると ちょっと おしとやかに 見えるよ。

【しとやか（淑やか）】

「しとやか」とは「言葉遣いや動作が落ち着いていて気品がある様子」のことです。女性について使うことがほとんどですが、ほめ言葉なので男性に使ってもいいのになあと思っています。

彼はあのアイドルのこととなると目の色が変わる。

【めのいろがかわる（目の色が変わる）**】**

「目の色が変わる（目の色を変える）」は「何かに熱中したり、怒ったり驚いたりして目つきを変える」という意味です。実際に目の色が変わるわけではないけれど、目は瞳孔が大きくなるとより黒っぽくなって、色が変わったように見えますね。

しまった！今回のCD
初回限定版Eは
所沢店限定だったーっ
ODEN GUMI

おかず系のクレープも
買っておいたから
塩気が欲しくなったら
言ってね

彼はああ見えて気働きのある人だよ。

【きばたらき（気働き）】

「気働きがある」とは「その場の状況に応じてすぐに心がはたらく、気が利く」という意味です。生まれつきの性格というものもありますが、努力によって「気働きがある人」になることもできますよね。

四の五の言ってないで
さっさと
掃除しなさい！

【しのごのいう（四の五の言う）】

「四の五の言う」とは「なんだかんだと理屈や文句を言う」という意味です。似たような言葉に「つべこべ」がありますが、どちらも同じような意味で江戸時代から使われている言葉です。

掃除をすると…
ワカメのお化けが…おそいにくる…
いや、来ないし
うち比較的海から遠いし！

評価

「よい」と「わるい」の間にある微妙なニュアンスも、
大和言葉なら相手への絶妙な配慮をしながら
表すことができます。

働き者だと思っていたけれど眼・鏡・違・い・だったようだ。

【めがねちがい（眼鏡違い）**】**

「眼鏡違い」とは「人や物などのよしあしの判断を誤ること」です。例文は「働き者だと思っていた人が実はそうではなかった」ということです。「お眼鏡にかなう」という言葉もあり、こちらは「目上の人に気に入られる、認められる」という意味です。もちろん評価する側が必ず眼鏡をかけている、ということではありません！　昔は眼鏡がなかったので比較的新しい言い回しでしょう。いつかコンタクトレンズに関する言い回しも出てくるかもしれませんね。

この書類まだできてませんけど
今日、新しいお菓子の
発売日なんで失礼します

「はい、そうです」という時に横に首を振るなんてあ・べ・こ・べじゃない？

【あべこべ（彼辺此辺）】

「あべこべ」とは「位置・順序・関係などが通常とは反対の状態になっていること」をいいます。同じ意味で「テレコ（になる）」と言う人がいますが、これは「テープレコーダー」の省略語ではなく、もともと歌舞伎で使われていた言葉だそうです。ちなみに肯定の時に首を横に振り、否定の時には頷《うなず》くのはブルガリア。国によって習慣が違うとはいえ、無意識にしてしまう動作があべこべだとたとえ言葉が通じたとしても自分の考えを伝えるのに苦労しそうですね。

ゴメン、昨日
F1レースを観に行って
首がクセになっちゃって
kuru
ma

人の上に
立つものが
発言したことは
すべからく
その責任を
負うべきである。

【すべからく（須く）】

とてもかたい表現で日常的に使うことは少ないと思いますが、「すべからく」は私が個人的に注目している言葉の一つです。「すべからく」は後に「べきだ」などを伴って「当然そうするべきだ、ぜひ」という意味になります。ところが文化庁が発表した平成二十二年度「国語に関する世論調査」によると四十パーセント近くの人が「すべて、皆」という意味だと理解しているそうです。そのうち辞書に「すべて」という意味が載るかもしれません。

えっ・会社ではヒゲ禁止に!?
昨日の飲みの席で？
言った？
私が!?

彼女に何か贈り物をしたいけど何がいいかな。ありきたりのものはつまらないし。

【**ありきたり**（在り来たり）】

「ありきたり」とは「以前からあるもの、珍しくないもの」という意味です。以前からあるものが悪いというわけではないけれど、何か変わったもの・ことのほうがいいと思う時に使います。

マトリョーシカの中に
直接ようかんが入って
るんだ〜
プレゼント、これかな

若いころは箸にも棒にも掛からない人だったけど、結婚したら落ち着いたね。

もう ぐうたらで
一日 あくびか 毛玉とりしかしてない日も ざらだったって

【はしにもぼうにもかからない（箸にも棒にも掛からない）】

「ひどすぎてどうにもならない」という意味です。箸でも棒でもひっかけることができない、掬《すく》えない、つまり「救いようがない」とひっかけているのかなあと思います（そういう説は見かけませんでしたが）。

あの映画はストーリーもさることながら音楽がすばらしい。

【さることながら（然る事ながら）】

「AもさることながらB」という形で「AももちろんそうであるがBはもっとそうだ」という意味で、たいていは「よい」と思われることに使います。Aのこともℬのこともほめていますが、Bのほうがよりよいのです。

あの音楽
聴きながらだと
POP
ごはん6杯はいけるなぁ

ターザンの映画を観て
つい、ぶらさがりたくなってしまって…
スミマセン…
大事なカーテンを…

子どもなら
いざ知らず、
いい大人があんな
ことをするとは。

【いざしらず（いざ知らず）】

「いざしらず」の前の事柄を「……はどうかわからないが／はともかく」として後のことを強調します。「……ならいざしらず」で終わらせて、あとの言葉を聞き手に予想させる高度な技術（？）もあります。

子どもは言わずもがな大人まで夢中になっているゲームがある。

【いわずもがな（言わずもがな）**】**

「言うまでもなく」の他に、「言わないほうがいい」という意味もあります。もともと「もがな」は「〜といいなあ」という願望を表しましたが、今では少し意味が変わっています。他に「なくもがな（ないほうがよい、なくてもよい）」という言葉があります。

え、知らないの？
おばあちゃんを操作して
かた焼きせんべいを作るゲーム

それに なかんずく
毛並みがよくて
なかんずく鳴き声が高めで
それにそれに なかんずく…

動物ならなんでも好きだけれど、なかんずく猫が好きだ。

【なかんずく（中ん就く）】

あまり聞きなれない、少し難しそうな言葉ですが「特に、とりわけその中で」という意味です。「なかんずく注意するべき点は」とか「なかんずく好きなものは」など「特に」と簡単に言い換えられます。明治時代の文豪になった気分が味わえそうな言葉です。

あそこの院長先生、藪医者なんだって。

【やぶいしゃ（藪医者）】

「藪医者」とは「診断や治療などが下手なお医者さん」のことです（つまり悪口です）。また、「藪医者」を人名のようにもじって「藪井竹庵」と言うこともあります。（時代劇などに出てくるお医者さんで○○庵という名前の人がたまにいますね）。

さらに何人かは
やぶナース らしいわよ

エビを使わずに
エビグラタンを作る
彼女は
そういうスタイルなの

彼女の料理の腕はくろうとはだしだよ。

【くろうとはだし（玄人跣）】

「くろうと」は「専門家」、「くろうとはだし」は「その道の専門家がはだしで逃げ出す」という意味で、「玄人が驚くほど素人がそのことに優れていること」をいいます。履物を履く間もなく「はだし」で逃げ出すというところが日本らしいなあと思います。

彼女のやっていることもあながち間違いではないよ。

【あながち（強ち）】

あとに打消しの言葉を伴って「そうとは断定できない」という気持ちを表します。「一見間違っていると思われることが、違った見方をすると正しいかもしれない」と遠回しに言う時に使うことが多いと思います。

このお店の人気のない
メニューから頼んでいって
いつの日か
一番人気のメニューを
食べるのが夢なの
TON
KATSU

「身の回り」の大和言葉

身近なことにこそ「大和言葉」はよく使われます。古くから使われている言葉もあるし、最近では反対の意味で使われている言葉もあるので注意が必要です。言葉を使う時に、その意味を正確に理解しているのとそうでないのとでは、言葉の説得力が大きく違ってくるように思います。

【身《み》づくろい】

身なりを整える、という意味です。「身づくろい（を）する」という形で使います。「つくろう（繕う）」とは「整える、修繕する」という意味です。他に「つくろう」がつく言葉に「言い繕う」がありますが、「失敗したことを言葉でごまかす」という意味です。「つくろう」がつくのにずいぶん印象の違う言葉になりますね。

【寝《い》穢《ぎたな》い】

「眠り込んでなかなか目を覚まさない、寝坊」という意味です。

いじきたない
夢を
見て
いぎたなく
眠ってしまってた…

『枕草子』にも出てくる古い言葉です。昔の人はみんな「早寝早起き」なのではと思っていましたが、違ったようですね。

【寝聡《いざと》い】

これは「いぎたない」とは反対の言葉で「目を覚ますのが早い、眠りが浅くて目が覚めやすい」という意味です。これはこれで安眠できていないようでちょっと心配だなと思いますが、「いぎたない」よりはいいのでしょうか。他に「目ざとい」という意味もあります。

【気《き》の置《お》けない】

「彼は気が置けない仲間の一人だ」というように使います。「遠慮せず心からうちとけることができる」という意味です。最近は「油断できない」という意味で使っている人も多いので、使う時は注意が必要です。

【まんじり】

「心配で一晩中まんじりともしなかった」という後に打消しの言葉を伴う形で使います。「ちょっと眠る」という意味です。何か気がかりなことがあって眠れない時に使うことが多いように思います。

【お株《かぶ》を奪《うば》う】

「ある人が得意なことを、別の人がうまくやってのける」という意味です。「(お)株」とはその人が得意とすること、独特なところということです。

【やおら】

「おもむろに」と同じように「物事の始まり方がゆっくりである」という意味です。

【青菜《あおな》に塩《しお》】

青菜に塩をかけるとしおれてしまうことから、人が元気を失ってしょんぼりする様子をいいます。

程度

具合や度合いを正確に伝えるのは難しいものです。
でも、大和言葉にはそれを表す
ちょうどいい表現があります。

そんなこと、にわかには信じられないよ。

【にわか（俄か）**】**

「にわか」とは「急に変化する、突然」という意味や、後に打消しの言葉を伴って「すぐに、即座に～ない」という意味があります。また「一時的に、臨時に」という意味もあります。一瞬ざっと降ってすぐにやんでしまう雨を「にわか雨」といいますね。また「にわかファン」は「最近ファンになった人」という意味でよく使われます。「一時的」でないなら「にわかファン」もいいなと思います。

うそだ！
君がタヌキだなんて…！
そうだとしたら
化けるのが
うますぎる！

いささか風変わりな衣装ですね。

【いささか（些か）**】**

少し古風な言い方で「ほんの少し、ちょっと」という意味です。「今回のことはいささか頭に来ている」など、自分のことに使う場合は「実はとても怒っている」を遠回しに言っている場合があります。「あの人、ちょっと変わってるよね」も本当のところは「すごく変な人！」という意味で使っている場合もありますよね。「いささかも動じない」など、「いささかも〜ない」という場合は「少しも〜ない、まったく〜ない」という意味です。

元々、こんなに
ちぎれてたわけじゃ
ないんですよ

あわや追突か、
というところで
バスは
急ブレーキを
かけて止まった。

【あわや】

「もう少しのところで、危うく」という意味です。目の前で起こりそうになっている危険な状況をやっとのことで逃れた時に使うので、良いことが起こりそうだったがそうはならなかった、という時には使えません。

少しおおげさで芝居がかった言い方ですが、もともとは急に起こった危険な出来事や驚いた時などに発する声からできた言葉です。普段なかなか使いそうにありませんが、使うようなことがないほうがいい言葉ではあります。

ふぅ〜あぶなかったなぁ……
三郎さんのバスか……
いつもは
安全運転なのにな……

かろうじて失敗はまぬがれた。

【かろうじて（辛うじて）】

「やっとのことで」という意味で、実現しそうにないことがぎりぎりで良い結果を得た、または最悪の状態になることを避けられたという場合に使います。同じ意味で「からくも」という言い方もあります。

いい生地だねって言われて
ちぎって少しあげたら
ぼくも私も〜って
なっちゃって

そもそものきっかけはどういうことだったの？

【そもそも（抑）】

意味は「最初、ことの発端」など。もとは漢文で使われていた言葉なので「そもそも世の中というものは〜」などという時は「だいたい、さて」という意味になり、少しかたい印象の言葉になります。

あまりよく覚えてないけどさわりだけなら歌える

【さわり（触り）】

「はじめのほう」ではなく、「いちばん印象的なところ」をさします。もとは義太夫節の曲の中で聴きどころとされている部分のことで、転じて、芸能の見どころや聴きどころのことをいうようになりました。

へぇ〜
あれだよね
「あいそわらいがすごい〜♪」って歌詞の！

なるほど…
久美子さんの義理の
叔母さんの
差し歯を
見つけたのが
ともひろさんですな…

話はおおむね理解した。

【おおむね（概ね）】

「だいたい、おおよそ」という意味です。少しかたい表現で、漢語と一緒に使われることが多い言葉です。「だいたい」でもいいのですが、「おおむね」のほうがちょっと格上の言葉のような感じがします。

ことのあらましは
彼から
聞きました。

【あらまし】

「物事や事件のだいたいの内容」という意味です。「消費税のあらまし」のように「概略」の代わりになります。「宿題はあらまし終わった」のように、「おおかた、ひととおり」という意味でも使います。

でも、すぐに忘れちゃって…
また聞かなきゃ…
もう4回目なんです…

でも食べ物は
食べきれないから
それ以外のものに
しようと思ってるんだ

「ここにあるもの全部買います。お金に糸目はつけません」って言ってみたい。

【いとめをつけない（糸目を付けない）】

「金に糸目をつけない」という言い方で、「使うお金を制限しない」という意味です。糸目とは一説によると凧《たこ》を制御するための糸のこと。お金は「飛んでいく」ともいうので有力な説だと思っています。

決してあそこには行ってはいけない。ゆめゆめ忘れるな。

【ゆめゆめ（努々）】

「ゆめ（努）」を重ねて強調した言い方で、後ろに禁止の言葉を伴って「決して～するな」という意味です。「ゆめ知らず」のように、後に打消しの言葉がくる場合は「少しも～ない」という意味になります。

あそこに行った者はみな
なで肩になって
帰ってきとるんじゃ

えっ？仙人が寝ずに
作ったグラタン皿を
手に入れるために
使っちゃった？
なにそれ!?

あなたに貸してあった十万円、耳を揃えて返してちょうだい。

【みみをそろえる（耳を揃える）】

「耳を揃える」はたいていお金を返す時に使われる言葉ですが、なんの耳かというと「小判などの縁」のことです。「パンの耳」というように、ものの端のことを耳ということがありますね。お金の端をきれいに揃え、不足のないようにするということです。

今日は久しぶりの休み、ひねもす読書三昧だ！

【ひねもす（終日）】

「ひねもす」とは「朝から晩まで、一日中」という意味です。また「日暮れから夜明けまで、夜通し」のことは「よもすがら」といいます。ということで「昼はひねもす夜はよもすがら」で「四六時中、いつでも」という意味になります。

よーし 今日は
「爆煮えほうれんそう」を
一気読みするぞー！
BAKUNIE
ほうれんそう
1

信号も青信号が
点滅する前から
止まってるんだって

彼の悪いうわさなどついぞ聞いたことがない。

【ついぞ（終ぞ）】

「ついぞ」とは、後に打消しの言葉を伴って「これまで一度も～ない」という意味です。また「聞いたことなどついぞない」というように、「ない」を直接つけることもできます。この場合「珍しいことだ」という意味もあり、「少しはある」という意味にもなります。

お金はあるにこしたことはない。

【こしたことはない（越したことはない）】

「のほうがいい」という意味ですが、単純に「その状態がいちばんよい」というより「お金はありすぎると困ることもあるかもしれないけれど、ないよりあったほうがいいよね！」という感じがしませんか。

そりゃ、あれば
油揚げも買えるし
いなり寿司も
キツネうどんも食べれるし…

きもち

思いを伝える時に大和言葉の表現を織り交ぜると、
相手に与える印象がやわらかくなり、
そして思慮深さが伝わります。

長年の友人である彼の結婚式だ。出席するのにやぶさかではない。

【やぶさかでない（吝かでない）**】**

「やぶさか」とは「物惜しみをする、躊躇《ちゅうちょ》する」という意味です。それに「ではない」がつくと「(それを)する努力を惜しまない、喜んでする」という意味になります。政治や経済などちょっと難しい話の中で出てくることが多いのでなんとなく聞き流してしまう言葉ですね。「〜ない」という形で終わるので否定的な意味にとらえられるのか、最近は「仕方なくする」という意味だと思っている人が多いようですが「積極的にしたい」ということです。

もちろん、修業の途中だが
山を降りますよ

寒さが骨身にこたえる。

【ほねみにこたえる（骨身に応える）】

「骨身」とは「からだ、全身」のことです。この場合は「全身に強く寒さを感じる」という意味ですが（痩《や》せているから寒い、ということではありませんよ！）、「忠告が骨身にこたえる」というと「忠告を心に強く感じる」という意味になります。他に「骨身を惜しまず」（苦労することを嫌がらないで）「骨身を削る」（体が痩せるほど一生懸命にする）などという使い方があります。

は〜
たてがみだけじゃ
まったく
あたたかくない……！

家族が留守の時に一人でケーキを食べるのって、後ろめたい。

【うしろめたい（後ろめたい）**】**
もとは「うしろへ（後ろ方）痛し」「うしろめ（後ろ目）痛し」といって平安時代からある言葉で「(目の届かないところが）気がかりだ」という意味です。それが「後ろめたい」になり、意味も「他の人から疑いや不信の目で見られる（ような気がする)」と変化しました。はっきりと「悪いことをしている」というより、「なんとなく悪いなあ、申し訳ないなあ」と他の人に対して感じる気持ちを表す言葉で、いかにも日本語らしい言葉だなと思います。

しかも今日で
26日連続だからなぁ…

学生時代は勉学に勤しんだものだ。

【いそしむ（勤しむ）】

「勤しむ」は辞書で調べると「心をこめて勤め励む」とあり、説明のためにまた調べなくてはならない言葉の一つですが、簡単にいうと「あることを一生懸命頑張って行う」ということです。一緒に使われる言葉が「勉学、読書」などに限られることが多いのですが、最近は「勉強そっちのけでアルバイトに勤しむ」という人も多いかもしれません。

そのおかげで
この見えない線が引けるペンを
開発することができたんだよ

彼の話はあまりぞ・っ・と・し・な・いものだった。

【ぞっとしない】

この場合の「ぞっとしない」とは「(恐ろしくて)ぞっとする」の反対の意味の言葉ではなく、「おもしろくない、感心しない」という意味です。「ぞっと」で区切らず「ぞっとしない」で一つの慣用的な表現になります。文化庁が発表した平成十八年度「国語に関する世論調査」では五十パーセントを超える人が「ぞっとしない」を「恐ろしくない」という意味だと答えたそうですが、このままだと本来の意味は失われてしまうかもしれませんね。

私の25分を返してほしい…

そんなつまらないことに目くじらをたてないで。

【めくじらをたてる（目くじらを立てる）**】**

「目くじら」とは「目の端、目尻」のことです。「目くじらをたてる」とは「他人のささいな欠点を目をつりあげてとがめる」という意味です。きっと鯨に関係があるに違いないと思っていましたが、まったく関係ないようです。

ちょっと待って、
信じらんない
早々に
ルー全部食べちゃって
ごはん残ってんじゃん…！

公園で知らない鳥を見つけるのに忙しくって！
なっかなかなか見つからない！
Shu Fu

忙しさに・・・かまけて掃除もしていない。

【かまける（感ける）】

「あることだけに気を取られて他のことができない、する余裕がなくなる」という意味です。たいてい「本来するべきだができていない」という意味の文が続きます。

ものすごく怒っていると思ったのにそうでもなくて、肩透かしを食らった。

【かたすかしをくう（肩透かしを食う）】

「肩透かしを食らう（食う）」とは「意気込んでいったのに相手にうまくかわされる」という意味です。せっかく（?）覚悟を決めていったのに「なあんだ」というがっかりした気持ちが感じられます。

ふぅ〜
先生のメガネを
豚肉と野菜とで
炒めたのにな〜

きもち

弱小チームだと たかをくくっていたら、大量に点をとられて負けてしまった。

しまったー
昔の写真とか
見返してないで
しっかり睡眠もとってれば
よかったー

【たかをくくる（高を括る）】

「たかをくくる」とは「相手をあなどる、高く評価せずたいしたことはないと思う」という意味です。「たか（高）」は「高が知れる（たいしたことはない）」などにも使われますが、「物事の程度、値打ち」という意味です。

欲しいとは思うけれど、値段を見ると二の足を踏んでしまう。

【にのあしをふむ（二の足を踏む）】

「二の足を踏む」とは「しりごみする、ためらう」という意味です。「二の足」とは歩く時の二歩目のことで、一歩目は踏みだしたもののなんらかの事情で進めなくなる状態です。少なくとも「やってみよう」「進もう」という気持ちはあるのですが。

きもち

美化委員を担当してる山根先生のジャケット
めっちゃくちゃ汚くない？？

どうも腑に落ちないことがあるんだけど、聞いてもいいかな？

【ふにおちない（腑に落ちない）】

「腑に落ちない」とは「納得できない」という意味です。「腑」とは内臓のことですが、他にもその人の考えや性根の意味もあります。「腑抜け（気力がない）」の「腑」も同じですね。最近は「腑に落ちる（納得する）」という言い方もよく耳にします。

電話がかかってきたのを
もっけのさいわいと、
課長は会議から
抜け出した。

【もっけのさいわい（物怪の幸い）】

「もっけのさいわい」とは「思いがけない幸運」という意味です。「もっけ」とは「物の怪《け》」つまり妖怪や霊のことですが、「意外なこと、不思議なこと」という意味もありました。現代では「予想しなかったちょっといいこと」くらいの意味で使われていますね。

宮崎営業所からだ
スマンな
オレじゃないとダメだからなぁ！
あいつらはほんとにもう〜

「自然」にまつわる大和言葉

言語は、それを使う人たちの関心が高い事柄に関するものほど語彙《ごい》が多いといわれています。たとえば雪国の「雪に関する言葉」は、暖かい地方よりもずっと多くなります。日本語にはお天気や空など自然を表す言葉がたくさんありますが、季節の移り変わりがはっきりしているからでしょう。趣のある言葉たちを見ていきましょう。

【雨間《あまあい》】
雨がやんでいる間のこと。

【風花《かざはな》】
冬の初め、風にのって雪や雨がちらちら降ること。また風上に積もっている雪が風に飛ばされて降ってくること。

【小糠雨《こぬかあめ》】
霧のように細かい雨。「ぬかあめ（糠雨）」も同じ意味で、細かな雨を糠にたとえた表現です。

【小夜嵐《さよあらし》】
夜に強く吹く風。夜の嵐。

かなとこ雲って
エリンギの上の部分に似てるなあ

【日照雨《そばえ》】

あるところだけに降っている雨。通り雨。天気がいいのに降っている雨。他に「お天気雨」「狐の嫁入り」と言うこともあります。

【漫《そぞ》ろ雨《あめ》】

思いがけず突然降ってくる雨。最近多い「ゲリラ豪雨」よりは降り方が優しい雨のような気がします。

【鼬雲《いたちぐも》】

入道雲、つまり積乱雲のことです。

【鉄床《かなとこ》雲《ぐも》】

積乱雲の上部にできる、上部が平らになった状態の雲。台形のような四角のような形の雲です。鉄床とは鉄敷《かなしき》ともいって、板金などをする際に使う台のことです。

【菊《きく》日《び》和《より》】

菊の花が咲く秋の良いお天気のこと。九月九日は重陽（陽の数字の九が重なる）の節句といって、菊の花を活けて祝います。

【高《たか》曇《ぐも》り】

空の高いところに雲がかかって全体に曇っていること。曇りの日は空が低いなと感じることが多いのですが、こんな曇りもあるのですね。

【花《はな》曇《ぐも》り】

春、桜が咲く頃に空がうすぼんやりと曇っていることをいいます。「春に三日の晴れなし」という言葉がありますが、春は雨が多くてゆっくりお花見を楽しめる日が実は少ないのです。

【花冷《はなび》え】

桜の咲く頃、少し暖かかったのにまた急に寒くなることをいいます。「寒の戻り」とも言いますが「花冷え」のほうが優雅な感じがします。

【冬《ふゆ》日《び》和《より》】

「冬日和」には二つ意味があります。一つは冬らしい、寒いお天気のこと。もう一つは冬のよく晴れた穏やかなお天気のことです。

まちあるき

言葉に表現力がつくと、まちを歩くのも楽しくなります。
ゆったりした気分で散歩してみては
いかがでしょうか。

運動会だというのにあいにくのお天気で残念だ。

【あいにく（生憎）】

物事が予想通りに進まず残念だという気持ちを表す言葉です。「あいにく留守をしておりまして」など自分のことで使う時は「期待にそえず申し訳ない」という気持ちが感じられます。ちょっと昔の小説や映画などで、相手の期待通りにならなかったことをからかう意味で（主に女性が）「おあいにくさま！　教えてもらわなくてもできました」などというセリフをよく言っていたように思いますが、最近は見かけなくなりましたね。

こんな天気でやるんだっ
ビュオー

やんだと思ったのに またぞろ雨が降り出した。

【またぞろ（又候）】

「またぞろ」とは、あまりよくないことが繰り返されて「もうやめてほしいなあ」と思う時に使います。「又」に「候《そうろう》」がついた言葉が転じたものですが、「候」は「ございます」という意味があるので「またでございます！」といった感じでしょうか。

雨だとキノコの
においが
消えちゃうんだよな〜

郵便ポストの赤と
おじいさんが怒ったときの
顔の赤とを比べよう

散歩かたがた郵便局に行ってこよう。

【かたがた（旁）】

名詞について「〜をするついでに……する」という意味で使います。同じ意味の言葉に「がてら」がありますが、「かたがた」のほうがかたい印象で、「お見舞い」「お礼」など、決まった言葉につくという違いがあります。

何かを忘れたのか、彼は急にきびすを返して家へと戻った。

【きびすをかえす（踵を返す）】

「きびす（くびす）」とは「かかと」のことです。かかとを「返す」つまり「反対に向ける」ということで、「きびすを返す」という時は「後戻りする、引き返す」という意味になります。

しまった
靴をはくのを忘れてきた……
kaban.

そう、8時間で0匹
天気は良かったんだけどねえ

釣りをするにはおあつらえ向きの天気だ。

【おあつらえむき（お誂え向き）**】**

「注文したかのように希望通りの」という意味です。「誂える」とは「注文して作らせる」こと。現代は簡単にものが作られてどこでも買えるので「誂える」ことが少なくなってきましたが、言葉は残っていくのでしょうか。

さっきからためつすがめつ見ているだけで、全然買おうとしない。

【ためつすがめつ（矯めつ眇めつ）】

「ためる（矯める）」は「曲げたり伸ばしたりして形を整える」ことですが、ここでは「片目を閉じてねらいをつける、じっと見る」という意味です。「すがめる（眇める）」は「片方の目を細くして見る」ことで、あわせて「いろいろな方面からじっくり見る様子」という意味です。「つ」は対照的な動作を並べて示す助動詞。

和室に合うかな
いや、リビングか…
いっそのこと
廊下に合うかも…
いや
丸山さんちの庭に合うなぁ

大和言葉
こばなし
3

多様で豊かな私たちの日本語

「大和言葉（和語）」がテーマの本書ですが、日本語には他にも「漢語」「外来語（カタカナ語）」「混種語」という語の種類「語種」があります。「はじめに」でも「漢語」について触れましたが、他の語のことなどももう少し詳しく説明したいと思います。

「漢語」は「字音語」ともいって、古い時代に中国から入ってきた語のことです。おおざっぱにいうと、漢字で書かれた語を音読みにしたものが「漢語」です（「歌留多《かるた》」「天婦羅《てんぷら》」は？　などと言わないでくださいね！）。

「外来語」または「カタカナ語」は、中国以外の外国（主に西洋）から入ってきた語のことで、時代によって違いますが、現代では英語から入ってきた

「外来語」がよく使われています。

「混種語」はいろいろな語が混ざった語のことです。たとえば「ゲットする」は「外来語＋大和言葉」の語ですね。

それぞれの言葉の印象としては、「大和言葉」はわかりやすく普段よく使われる語が多い、「漢語」はかたくて難しく専門用語で使われている、「外来語」は新しいもの・ことによく使われるといったところでしょうか。

たとえば「お風呂」。「風呂」は「大和言葉」です（音読みではありますが、語源は「室《むろ》」であるという説をとります）。「漢語」でいうと「浴室」で、外来語だと「バスルーム」。言葉から受ける印象は違いますがすべて同じもので、場面によって私たちは無意識に語を使い分けています。

ところが情報化社会が進んで外国の新しいものがどんどん入ってくる現代では外来語が多く使われるようになってきました。「パソコン」「テレビ」など、「大和言葉」で言い換えようと思っても不可能な言葉がたくさんあります。まるっきり英語と同じというわけではないので「日本風」にはなっていますが。

また、ちょっと前なら「大和言葉」や「漢語」で言い換えていたのに、すっかり原題そのままのものが増えたなと思うものに映画があります。「風と共に去りぬ」「誰が為に鐘は鳴る」など美しい日本語だなあと思うのですが、今だったら英語のままの題になるのでしょうか。

言葉は使わないとどんどん忘れられていきます。私は「日本語の変化」は仕方がないと思っているのですが、美しく優しい「大和言葉」はなるべく残してもらいたいと思っています。

言葉は人が使ってこそのものです。他の国から言葉が入ってくる前から日本人が使っていた「大和言葉」、後世に「生きた日本語」として残すためにどんどん使ってみてはどうでしょうか。

凪

おわりに

ニシワキタダシ

こんにちは、つつがなくイラストを描き終えた、イラストレーターのニシワキタダシです。

「つつがなく」とは「無事に、病気や災難がなく」という意味です。これも大和言葉としてこの本に載っているんですが、思っていたより大和言葉とは難しくない。知っている言葉も多く、実際に使っているものもたくさんあります。「そもそも」や「ありきたり」なんて、堅苦しさがまったくなく、とてもフランクな存在に感じます。

そもそも昔から日本で受け継がれてきた言葉なので、違和感のないものが多いのかもしれませんが、気になる言葉もいろいろあるのです。

「ぶっきらぼう」。これは前から気になっていたんですが、「ぶっきら」という棒があるのか、あるのならどんな棒なんだ、かたいのかやわらかいのか、長ぃのか短ぃのか、木の棒なら花は咲くのか蜜は出るのか、気になりだしたら止まりません。でも「打切棒《ぶつきりぼう》」が変化した言葉のようで、「断ち切る＝愛想がない」という意味のようです。これでもう気にならずに済みます。

「おっとりがたな」。そんな刀で戦に勝てるのか心配になります。村で代々受け継がれてきた、おっとりした性格の人しか持つことのできない刀のように思いますが、元々は「押っ取る＝急いで取り上げる」意味から、「とりあえず急ぃで行く」という言葉なのです。なんだか安心しました。

やわらかい言葉が多いせいか、知らない言葉でもあまり難しく感じないところが大和言葉のよいところであり、身近なところかもしれません。

今回、海野先生の優しく分かりやすい解説を読みながら「へぇ〜！」「確かに〜」と楽しく描かせてもらいました。同じように楽しく読んでもらえればうれしいです。この本をどうぞ「よしなに」お願いします。
※「よしなに」は「よろしく」という意味です。

主な参考文献

尚学図書編『国語大辞典』小学館（一九八一年）

山田忠雄ほか編『新明解国語辞典（第五版）』三省堂（一九九七年）

新村出編『広辞苑（第六版）』岩波書店（二〇〇八年）

小学館国語辞典編集部編『日本国語大辞典（精選版）』小学館（二〇〇五―〇六年）

北原保雄編『明鏡国語辞典（携帯版）』大修館書店（二〇〇三年）

学研辞典編集部編『〈目からウロコの〉日本語「語源」辞典』学習研究社（二〇〇四年）

宮腰賢ほか編『旺文社全訳古語辞典（第三版）』旺文社（二〇〇三年）

小学館辞典編集部編『使い方の分かる類語例解辞典』小学館（二〇〇三年）

金田一春彦ほか編『日本語百科大事典（縮刷版）』大修館書店（一九九五年）

装丁　ライラック
組版　荒木香樹

【さくいん】

海野凪子（うみの・なぎこ）

日本語教師。著書に、『日本人の知らない日本語』（メディアファクトリー）、『日本人なら知っておきたい日本文学　ヤマトタケルから兼好まで、人物で読む古典』（幻冬舎）、『「国際人」はじめました。コミュニケーションに国境なし！ 共感&納得コミックエッセイ』（大和書房）などがある。

ニシワキタダシ

イラストレーター。1976年生まれ。大阪在住。イラストレーションの仕事を中心に幅広く活動中。著書に『かんさい絵ことば辞典』『ニシワキタダシの日々かるたブック』『かんさい味 あたらしいことわざ絵辞典』『こんなときのどうする絵辞典』（パイインターナショナル）、『えBOOK』（大福書林）などがある。

大和言葉《やまとことば》つかいかた図鑑《ずかん》

日本人《にほんじん》なら知《し》っておきたい 心《こころ》が伝《つた》わるきれいな日本語《にほんご》

2016年1月24日　発　行　　NDC790

著　者　海野凪子《うみのなぎこ》・ニシワキタダシ

発行者　小川雄一

発行所　株式会社 誠文堂新光社

〒113-0033　東京都文京区本郷3-3-11

（編集）電話 03-5800-5779

（販売）電話 03-5800-5780

URL http://www.seibundo-shinkosha.net/

印刷所　星野精版印刷 株式会社

製本所　和光堂 株式会社

ISBN978-4-416-71591-8

POP

aka
miso
BAD